AGRADECIMIENTO

Mi nombre es Jorge Sarango, soy Licenciado en Ciencias Empresario, Escritor de libros como GROWTH MARKETERS. Mi agradecimiento y dedicatoria a mi familia a mis 4 hijas , Silvana, Evelin, Lorena, y Bea.

ÍNDICE

GROWTH MARKETERS

INTRODUCCIÓN

 En la era digital en la que vivimos, el marketing ya no es lo que solía ser.

Antaño, los profesionales de marketing confiaban en anuncios en periódicos, vallas publicitarias y comerciales de televisión para llevar su mensaje al público.

Hoy en día, el marketing es un campo en constante evolución, donde la tecnología y la creatividad se unen para crear oportunidades de crecimiento sin precedentes.

Bienvenido a "Growth Marketers: Habilidades de un Growth Marketing".

En estas páginas, te sumergirás en el emocionante y desafiante mundo del marketing de crecimiento, una disciplina que ha transformado la forma en que las empresas interactúan con sus clientes y generan resultados.

Este libro es una guía completa para aquellos que desean dominar las habilidades esenciales necesarias para sobresalir en esta apasionante profesión.

El marketing de crecimiento no es solo una estrategia de negocios; es una mentalidad, un conjunto de habilidades y un enfoque estratégico que impulsa el éxito en la economía digital actual.

Desde startups emergentes hasta corporaciones globales, todas las empresas buscan crecer, y los growth marketers son los arquitectos detrás de ese crecimiento.

En este libro, exploraremos los fundamentos del marketing digital, aprenderemos a analizar datos y métricas para tomar decisiones informadas, descubriremos cómo investigar a fondo a nuestros mercados y competidores, y exploraremos estrategias avanzadas de marketing de contenidos, publicidad en línea y participación en redes sociales.

También desentrañaremos el misterio del growth hacking y cómo la experimentación audaz puede llevar a un crecimiento explosivo.

Pero el crecimiento no se trata solo de tácticas y estrategias.

También se trata de las habilidades personales que te permiten destacar en el mundo del marketing.

A lo largo de este libro, discutiremos cómo desarrollar habilidades de comunicación efectiva, negociación, gestión del tiempo y organización para convertirte en un growth marketer completo.

Ya seas un emprendedor, un profesional del marketing, un estudiante o simplemente alguien interesado en comprender mejor el mundo del marketing de crecimiento, este libro te proporcionará las herramientas y los conocimientos necesarios para sobresalir en esta emocionante disciplina.

Así que, sin más preámbulos, comencemos este viaje hacia el mundo del Growth Marketing y descubramos juntos las habilidades que te convertirán en un auténtico Growth Marketer

CAPÍTULO 1 QUÉ ES EL GROWTH MARKETING

El mundo del marketing está en constante evolución.

A medida que la tecnología avanza y los consumidores cambian sus hábitos, las estrategias de marketing también deben adaptarse.

El marketing tradicional, que solía centrarse en tácticas de publicidad masiva y promoción de productos, ha evolucionado hacia una disciplina más centrada en el crecimiento sostenible y a largo plazo.

En este capítulo, exploraremos en profundidad qué es exactamente el

Growth Marketing y por qué es fundamental en el entorno empresarial actual.

Definición de Growth Marketing

El Growth Marketing, también conocido como Growth Hacking, es una metodología centrada en el crecimiento de una empresa mediante estrategias y tácticas de marketing específicas.

A diferencia del marketing tradicional, que a menudo se enfoca en la adquisición de clientes a corto plazo, el Growth Marketing busca un crecimiento sostenible y a largo plazo a través de un enfoque integral.

Evolución del Marketing Tradicional al Growth Marketing

Para comprender completamente el Growth Marketing, es esencial rastrear su evolución desde las estrategias tradicionales de marketing.

El marketing tradicional solía confiar en tácticas de interrupción, como anuncios televisivos y llamadas en frío, para llegar a los clientes.

Si bien estas estrategias todavía tienen su lugar, el Growth Marketing se ha centrado en la creación de relaciones sólidas con los clientes, la retención y la optimización de cada etapa del embudo de ventas.

Por qué el Growth Marketing es Esencial en la Actualidad

Vivimos en una era digital en la que los consumidores están constantemente conectados en línea.

Esto ha cambiado fundamentalmente la forma en que las empresas interactúan con su audiencia.

El Growth Marketing se ha convertido en una necesidad debido a varios factores:

Competencia intensa:

La competencia en la mayoría de las industrias es feroz.

Las empresas deben encontrar formas innovadoras de destacar y crecer.

Clientes más informados:

Los consumidores tienen acceso a una cantidad inmensa de información en línea.

Las estrategias de marketing deben ser más sofisticadas para atraer y retener la atención.

Herramientas y tecnología avanzada:

El Growth Marketing se ha beneficiado enormemente de la tecnología y las herramientas disponibles.

Esto permite una medición más precisa y la capacidad de adaptarse rápidamente a los cambios en el mercado.

A medida que avanzamos en este libro, exploraremos las habilidades y estrategias necesarias para ser un Growth Marketer efectivo.

Desde el análisis de datos hasta la experimentación audaz, el Growth Marketing es un campo emocionante y desafiante que te permite impulsar el crecimiento de tu empresa de formas que antes eran inimaginables.

Así que, prepárate para sumergirte en este viaje emocionante hacia el mundo del marketing de crecimiento.

CAPÍTULO 2 FUNDAMENTOS DEL MARKETING DIGITAL

En la era digital en la que vivimos, el marketing ha experimentado una transformación fundamental.

Las estrategias tradicionales de marketing han dejado paso a un enfoque más centrado en la web y en las tecnologías digitales.

En este capítulo, exploraremos los fundamentos del marketing digital y cómo se ha convertido en el pilar fundamental del Growth Marketing.

Los Pilares del Marketing en Línea

El marketing digital se basa en varios pilares esenciales que lo hacen efectivo

Estos pilares incluyen:

Sitio web:

Tu sitio web es tu presencia en línea principal y actúa como un centro para todas tus actividades de marketing digital.

Debe ser atractivo, funcional y fácil de navegar.

Contenido:

El contenido de calidad es el motor del marketing digital.

Esto incluye blogs, videos, infografías y más.

El contenido relevante y útil atrae a la audiencia y la mantiene comprometida.

SEO (Optimización de Motores de Búsqueda):

El SEO es fundamental para que tu sitio web sea descubierto en los motores de búsqueda como Google.

Aprenderás sobre la importancia de las palabras clave, la optimización de contenido y las estrategias de enlaces.

Redes Sociales: Las plataformas de redes sociales son vitales para conectarse con tu audiencia y promocionar tu contenido.

Discutiremos las estrategias efectivas para plataformas como Facebook, Twitter, Instagram y LinkedIn.

Email Marketing:

El correo electrónico sigue siendo una herramienta poderosa para el marketing digital.

Exploraremos cómo construir y mantener una lista de correo efectiva y cómo crear campañas de email marketing de alto impacto.

Estrategias Digitales Efectivas

No basta con tener una presencia en línea; debes tener una estrategia sólida para alcanzar tus objetivos de marketing.

Discutiremos estrategias clave, como:

Marketing de Contenidos:

Aprenderás cómo crear contenido valioso y relevante que atraiga a tu audiencia y aumentar su visibilidad en línea.

Marketing de Afiliados:

Explicaremos cómo trabajar con socios para promocionar tus productos o servicios y expandir tu alcance.

Publicidad en Línea:

Discutiremos las diversas formas de publicidad en línea, desde anuncios de búsqueda hasta anuncios en redes sociales, y cómo utilizarlas eficazmente.

Marketing de Influencia:

Aprenderás cómo colaborar con influencers para promocionar tu marca y llegar a nuevas audiencias.

Herramientas y Canales de Marketing Digital

El marketing digital se apoya en una variedad de herramientas y canales.

En este capítulo, exploraremos algunas de las herramientas más comunes utilizadas en el marketing digital, como Google Analytics, herramientas de automatización de marketing, herramientas de programación de redes sociales y más.

También analizaremos cómo elegir los canales de marketing adecuados para tu negocio y cómo integrarlos en tu estrategia global.

El marketing digital es un componente esencial del Growth Marketing, y comprender sus fundamentos es el primer paso para convertirse en un Growth Marketer efectivo.

A medida que avanzamos en este libro, profundizaremos en estrategias más avanzadas y técnicas de marketing digital, pero primero, es fundamental establecer una base sólida en estos conceptos fundamentales.

CAPÍTULO 3 ANÁLISIS DE DATOS Y MÉTRICAS

El marketing efectivo no se trata sólo de estrategias y tácticas creativas; también implica una comprensión profunda de los datos y las métricas.

En este capítulo, exploraremos por qué el análisis de datos y el seguimiento de métricas son fundamentales para el éxito del marketing de crecimiento y cómo puedes utilizarlos para tomar decisiones informadas.

La Importancia de los Datos en el Marketing de Crecimiento

El marketing de crecimiento se basa en la toma de decisiones informadas y en la optimización constante.

Para lograrlo, es esencial recopilar y analizar datos relevantes. Discutiremos:

Recopilación de Datos:

Cómo recopilar datos de manera efectiva de diversas fuentes, como tu sitio web, redes sociales y campañas de marketing.

Calidad de los Datos:

La importancia de tener datos precisos y de alta calidad para tomar decisiones precisas.

Privacidad de los Datos:

Consideraciones éticas y legales en torno a la recopilación y el uso de datos de los clientes.

Métricas Clave para Medir el Éxito

Cada empresa y cada campaña de marketing tienen sus propios objetivos, por lo que es crucial identificar las métricas que son relevantes para ti.

Algunas métricas comunes incluyen:

Conversiones:

Seguimiento de las conversiones de visitantes a clientes, suscriptores o cualquier otra acción deseada.

Tasa de Rebote:

La cantidad de visitantes que abandonan tu sitio web sin interactuar.

ROI (Retorno de la Inversión): Medición del valor generado en relación con el gasto en marketing.

Tasa de Clics (CTR):

Porcentaje de personas que hacen clic en un enlace o anuncio en comparación con la cantidad de personas que lo ven.

Tasa de Apertura de Correo Electrónico:

La proporción de personas que abren tus correos electrónicos en una campaña de email marketing.

Herramientas de Análisis y Seguimiento

Para realizar un análisis de datos efectivo, es esencial utilizar las herramientas adecuadas.

Exploraremos algunas de las herramientas más populares para el análisis de datos y el seguimiento de métricas, como Google Analytics, Google Tag Manager, herramientas de análisis de redes sociales y software de automatización de marketing.

Te mostraremos cómo configurar y utilizar estas herramientas para obtener información valiosa sobre el rendimiento de tus campañas de marketing.

Optimización Basada en Datos

El análisis de datos no solo se trata de recopilar información; también implica la capacidad de tomar decisiones basadas en esos datos.

Discutiremos cómo utilizar los datos para identificar áreas de mejora, realizar pruebas y optimizar tus estrategias de marketing para obtener mejores resultados.

La optimización constante es una parte fundamental del marketing de crecimiento.

El análisis de datos y el seguimiento de métricas son habilidades esenciales para cualquier Growth Marketer.

Aquí , hemos sentado las bases para comprender cómo utilizar los datos de manera efectiva para mejorar tus estrategias de marketing y alcanzar tus objetivos de crecimiento

CAPÍTULO 4 INVESTIGACIÓN DE MERCADO

La investigación de mercado es un pilar fundamental en cualquier estrategia de marketing exitosa.

Antes de que puedas planificar y ejecutar campañas efectivas, debes comprender a fondo tu mercado y a tu audiencia.

En este capítulo, exploraremos la importancia de la investigación de mercado y cómo llevar a cabo investigaciones efectivas.

Identificación de Oportunidades de Crecimiento

La investigación de mercado no solo te ayuda a comprender a tus clientes actuales, sino que también te permite identificar oportunidades de crecimiento.

Discutiremos:

Segmentación de Mercado:

Cómo dividir tu mercado en segmentos más pequeños y específicos para dirigirte a ellos de manera efectiva.

Análisis de Competidores:

Cómo investigar a tus competidores para comprender sus fortalezas y debilidades.

Tendencias del Mercado:

Cómo estar al tanto de las tendencias actuales en tu industria y cómo adaptarte a ellas.

Investigación de la Competencia

Una parte crucial de la investigación de mercado es analizar a tus competidores.

Exploraremos cómo realizar una investigación competitiva efectiva, que incluye:

Análisis de la Competencia Directa e Indirecta:

Cómo identificar tanto a tus competidores directos como a aquellos que pueden tener un impacto indirecto en tu mercado.

Evaluación de Estrategias de Competidores:

Cómo analizar las estrategias de marketing de tus competidores, incluyendo sus mensajes, canales y tácticas.

Benchmarking:

Cómo comparar el rendimiento de tu empresa con el de tus competidores para identificar áreas de mejora.

Perfil del Cliente Ideal y Segmentación

Para realizar un marketing efectivo, debes comprender a tu audiencia a un nivel profundo.

Discutiremos cómo crear un perfil del cliente ideal (buyer persona) y cómo segmentar tu mercado para adaptar tus mensajes y estrategias a grupos específicos de clientes.

Métodos de Investigación de Mercado

Existen diversos métodos de investigación de mercado, desde encuestas y entrevistas hasta análisis de datos secundarios.

Explicaremos en detalle cómo llevar a cabo investigaciones cualitativas y cuantitativas, y cuándo es apropiado utilizar cada método.

Uso de la Investigación en la Estrategia de Marketing

La investigación de mercado no es útil a menos que se aplique en la estrategia de marketing.

Mostraremos cómo utilizar los datos y hallazgos de la investigación para:

Desarrollar Mensajes de Marketing:

Cómo crear mensajes que resuenen con tu audiencia.

Seleccionar Canales de Marketing:

Cómo elegir los canales adecuados para llegar a tu audiencia objetivo.

Optimizar Productos o Servicios:
Cómo realizar mejoras basadas en los comentarios de los clientes.

La investigación de mercado es una herramienta valiosa que te permite tomar decisiones informadas y orientadas al crecimiento en tu estrategia de marketing.

Al comprender a tu audiencia y tu mercado, estarás mejor preparado para desarrollar campañas efectivas que generen resultados.

CAPÍTULO 5 CREACIÓN Y OPTIMIZACIÓN DE CONTENIDO

El contenido es el corazón del marketing de crecimiento. Ya sea en forma de blogs, vídeos, infografías o publicaciones en redes sociales, el contenido de calidad es esencial para atraer, retener y convertir a tu audiencia.

En este capítulo, exploraremos cómo crear y optimizar contenido efectivo.

Estrategias de Creación de Contenido Efectivas

La creación de contenido efectivo comienza con una estrategia sólida. Discutiremos:

Identificación de Temas Relevantes:

Cómo seleccionar temas que sean relevantes y atractivos para tu audiencia.

Desarrollo de Calendarios de Contenido:

Cómo planificar y organizar tu contenido a lo largo del tiempo.

Diversificación de Formatos:

La importancia de utilizar una variedad de formatos de contenido, como texto, imágenes, videos y más.

SEO y Optimización de Contenido

El SEO (Optimización de Motores de Búsqueda) es esencial para que tu contenido sea descubierto en línea. Discutiremos:

Palabras Clave:

Cómo investigar y seleccionar palabras clave relevantes para tu contenido.

Optimización On-Page:

Cómo optimizar elementos en la página, como títulos, meta descripciones y encabezados.

Construcción de Enlaces:

Estrategias para aumentar la autoridad de tu sitio web mediante la construcción de enlaces de calidad.

El Papel del Contenido en el Crecimiento de la Marca

El contenido no solo se trata de atraer tráfico; también es una herramienta poderosa para construir tu marca y establecer autoridad en tu industria. Discutiremos:

Narrativa de la Marca:

Cómo utilizar el contenido para contar la historia de tu marca y conectar emocionalmente con tu audiencia.

Educación del Cliente:

Cómo proporcionar contenido que eduque a tu audiencia sobre tus productos o servicios.

Generación de Leads:

Cómo utilizar el contenido para captar clientes potenciales y nutrirlos a lo largo del embudo de ventas.

Medición del Rendimiento del Contenido

La optimización constante es clave para el marketing de crecimiento.

Explicaremos cómo medir el rendimiento de tu contenido y utilizar datos para mejorar continuamente. Esto incluye:

Métricas de Contenido:

Cómo rastrear métricas como la tasa de clics, la tasa de conversión y el tiempo en la página.

Análisis de Datos:

Cómo utilizar los datos para identificar tendencias y áreas de mejora en tu estrategia de contenido.

Experimentación:

Cómo realizar pruebas A/B y experimentos para optimizar el contenido y aumentar su efectividad.

Promoción de Contenido

La creación de contenido es solo la mitad de la ecuación; la promoción también es fundamental.

Exploraremos estrategias efectivas para promocionar tu contenido, incluyendo:

Marketing en Redes Sociales:

Cómo utilizar plataformas de redes sociales para difundir tu contenido.

Email Marketing:

Cómo promocionar contenido a través de campañas de email marketing.

Colaboraciones y Asociaciones:

Cómo trabajar con otros en tu industria para promocionar tu contenido de manera conjunta.

La creación y optimización de contenido son habilidades esenciales para cualquier Growth Marketer.

Con el enfoque adecuado, puedes crear contenido que no sólo atraiga a tu audiencia, sino que también impulse el crecimiento de tu negocio.

CAPÍTULO 6 MARKETING DE CONTENIDOS Y ESTRATEGIAS DE INBOUND

El marketing de contenidos y las estrategias de inbound marketing son enfoques poderosos para atraer a tu audiencia de manera orgánica, proporcionar valor y convertir a los prospectos en clientes leales.

En este capítulo, exploraremos en detalle cómo implementar estas estrategias efectivas.

El Poder del Marketing de Contenidos

El marketing de contenidos se basa en la idea de que, al proporcionar contenido de calidad, puedes atraer a una audiencia interesada y comprometida. Discutiremos:

Creación de Contenido Valioso:

Cómo identificar las necesidades y preguntas de tu audiencia y crear contenido que las aborde.

SEO y Palabras Clave:

Cómo utilizar la optimización de motores de búsqueda para aumentar la visibilidad de tu contenido.

Distribución de Contenido:

Cómo promocionar tu contenido a través de blogs, redes sociales y otras plataformas.

Estrategias de Inbound Marketing

El inbound marketing es una filosofía que se centra en atraer, convertir y retener a los clientes a través de la creación de relaciones y la entrega de valor.

Exploraremos:

Embudo de Ventas:

Cómo el inbound marketing se alinea con cada etapa del embudo de ventas, desde la concienciación hasta la conversión.

Generación de Leads:

Cómo atraer a clientes potenciales interesados y calificados a través de estrategias como formularios de contacto y contenido descargable.

Nutrición de Leads:

Cómo cultivar relaciones con clientes potenciales a lo largo del tiempo a través de contenido relevante y automatización de marketing.

Automatización del Marketing

La automatización del marketing desempeña un papel esencial en la implementación efectiva de estrategias de inbound marketing. Discutiremos:

Herramientas de Automatización:

Cómo utilizar herramientas de automatización para programar correos electrónicos, seguimiento de clientes potenciales y personalizar la experiencia del usuario.

Flujos de Trabajo de Automatización:

Cómo crear flujos de trabajo automatizados que guíen a los clientes potenciales a través del proceso de compra.

Segmentación de Audiencia:

Cómo segmentar tu audiencia para enviar mensajes específicos y personalizados.

Medición y Optimización de Estrategias de Inbound

El éxito en el marketing de contenidos y el inbound marketing se basa en la medición y la optimización constantes.

Aprenderemos cómo:

Métricas Clave:

Identificar métricas importantes, como tasas de conversión, tasa de apertura de correo electrónico y ROI.

Análisis de Datos:

Utilizar datos para evaluar el rendimiento de tus estrategias y realizar ajustes necesarios.

Experimentación:

Cómo realizar pruebas y experimentos para mejorar continuamente tus estrategias de inbound marketing.

Construcción de Autoridad y Lealtad de la Marca

El marketing de contenidos y las estrategias de inbound marketing también pueden ayudar a construir la autoridad de tu marca y fomentar la lealtad de los clientes.

Exploraremos cómo:

Posicionarte como un Experto:

Cómo utilizar el contenido para demostrar tu experiencia en tu industria.

Fomentar la Participación del Cliente:

Cómo involucrar a tus clientes a través de contenido interactivo y comunidades en línea.

Retención de Clientes:

Cómo mantener a tus clientes actuales comprometidos y satisfechos a través de contenido relevante y ofertas exclusivas.

El marketing de contenidos y las estrategias de inbound marketing son esenciales en la caja de herramientas de cualquier Growth Marketer.

Estas estrategias te permiten atraer y retener a una audiencia comprometida, lo que a su vez impulsa el crecimiento sostenible de tu negocio.

CAPÍTULO 7 PUBLICIDAD EN LÍNEA Y POR PPC)PAGO POR CLICK)

Capítulo 7: Publicidad en Línea y PPC (Pago Por Clic)

La publicidad en línea es una estrategia esencial para llegar a audiencias específicas, aumentar la visibilidad de la marca y generar conversiones.

En este capítulo, exploraremos en detalle cómo implementar estrategias de publicidad en línea y cómo aprovechar el PPC (Pago Por Clic) para impulsar el crecimiento de tu negocio.

Fundamentos de la Publicidad en Línea

Antes de sumergirnos en las estrategias de PPC, es importante comprender los conceptos básicos de la publicidad en línea.

Discutiremos:

Diferentes Tipos de Publicidad en Línea:

Desde anuncios en motores de búsqueda hasta anuncios en redes sociales y publicidad display.

Segmentación de Audiencia:

Cómo dirigir tus anuncios a audiencias específicas según criterios como la ubicación, los intereses y el comportamiento en línea.

Presupuesto y Oferta: Cómo establecer un presupuesto publicitario y pujar por palabras clave o espacios publicitarios.

PPC (Pago Por Clic): Estrategias y Tácticas

El PPC es una forma efectiva de publicidad en línea en la que solo pagas cuando un usuario hace clic en tu anuncio.

Exploraremos cómo utilizar el PPC de manera efectiva, incluyendo:

Investigación de Palabras Clave:

Cómo identificar palabras clave relevantes para tu negocio y audiencia.

Configuración de Campañas PPC:

Cómo crear y configurar campañas en plataformas como Google Ads y Bing Ads.

Diseño de Anuncios Efectivos:

Cómo crear anuncios que generen clics y conversiones.

Optimización y Seguimiento de Campañas

El éxito en la publicidad en línea requiere una optimización constante y un seguimiento cuidadoso. Discutiremos:

Métricas Clave de PPC:

Cuáles son las métricas importantes a seguir, como el CPC (Costo Por Clic) y la tasa de conversión.

A/B Testing:

Cómo realizar pruebas A/B para mejorar la efectividad de tus anuncios y páginas de destino.

Optimización de Presupuesto:

Cómo asignar y ajustar tu presupuesto para maximizar el ROI.

Publicidad en Redes Sociales y Anuncios Display

Además del PPC en motores de búsqueda, también exploraremos la

publicidad en redes sociales y la publicidad display.

Aprenderás cómo:

Elegir Plataformas de Redes Sociales:

Cómo seleccionar las plataformas adecuadas para tu audiencia y objetivos.

Segmentación en Redes Sociales:

Cómo utilizar la segmentación avanzada para llegar a audiencias altamente específicas.

Anuncios Display Efectivos:

Cómo diseñar anuncios visuales atractivos y dónde colocarlos en la web.

Estrategias de Publicidad Multicanal

A medida que avanzamos en el capítulo, exploraremos cómo combinar estrategias de publicidad en línea en un enfoque multicanal.

Discutiremos cómo coordinar la publicidad en motores de búsqueda, redes sociales y otros canales para obtener el máximo impacto.

La publicidad en línea y el PPC son herramientas poderosas para aumentar la visibilidad de tu negocio y generar conversiones.

Sin embargo, su éxito depende de una planificación estratégica, la investigación de palabras clave adecuada y la optimización constante.

Este capítulo te proporcionará las bases necesarias para crear campañas de publicidad en línea efectivas y rentables.

CAPÍTULO 8 MARKETING EN REDES SOCIALES

Las redes sociales se han convertido en una parte fundamental del panorama del marketing en línea.

Son plataformas poderosas para conectar con la audiencia, construir la marca y promover productos y servicios.

En este capítulo, exploraremos en detalle cómo implementar estrategias efectivas de marketing en redes sociales.

El Papel de las Redes Sociales en el Marketing de Crecimiento

Comenzaremos explorando por qué las redes sociales son esenciales en el marketing de crecimiento. Discutiremos:

Conexión con la Audiencia:

Cómo las redes sociales permiten interactuar directamente con tu audiencia y construir relaciones sólidas.

Visibilidad de la Marca:

Cómo utilizar las redes sociales para aumentar el conocimiento y la visibilidad de tu marca.

Generación de Leads y Ventas:

Cómo convertir a seguidores en clientes potenciales y, finalmente, en clientes reales.

Estrategias de Marketing en Redes Sociales

Las estrategias de marketing en redes sociales varían según la plataforma y los objetivos de negocio. Exploraremos:

Elección de Plataformas:

Cómo seleccionar las plataformas de redes sociales adecuadas para tu público objetivo y nicho.

Creación de Contenido:

Cómo desarrollar contenido atractivo y relevante para tus seguidores.

Gestión de Comunidad:

Cómo gestionar las interacciones y comentarios en las redes sociales de manera efectiva.

Publicidad en Redes Sociales

Además del marketing orgánico en redes sociales, discutiremos la publicidad en redes sociales. Aprenderás:

Configuración de Anuncios:

Cómo crear anuncios efectivos en plataformas como Facebook Ads, Instagram Ads y LinkedIn Ads.

Segmentación de Audiencia:

Cómo utilizar la segmentación avanzada para llegar a audiencias específicas.

Medición y Optimización:

Cómo medir el rendimiento de tus anuncios y ajustar tus estrategias para obtener mejores resultados.

Contenido de Video en Redes Sociales

El video se ha convertido en un formato poderoso en las redes sociales.

Exploraremos:

Estrategias de Video:

Cómo utilizar videos en vivo, historias y contenido de video pregrabado para atraer a tu audiencia.

Plataformas de Video:

Cómo aprovechar plataformas como YouTube, Tik Tok e IGTV para la promoción de video.

Medición y Analítica en Redes Sociales

La medición y el análisis son esenciales para evaluar el éxito de tu estrategia de marketing en redes sociales.

Discutiremos:

Métricas Clave:

Cuáles son las métricas importantes a seguir en las redes sociales, como el alcance, la interacción y la tasa de conversión.

Herramientas de Analítica:

Cómo utilizar herramientas de análisis en redes sociales para obtener información valiosa.

Optimización Continua:

Cómo utilizar los datos para mejorar tus estrategias en las redes sociales de manera constante.

 Tendencias Actuales en Marketing en Redes Sociales

Las redes sociales están en constante evolución.

Concluiremos el capítulo discutiendo las tendencias actuales en marketing en redes sociales, como el comercio social, el contenido efímero y la autenticidad en línea.

El marketing en redes sociales es una parte esencial del marketing de crecimiento en la era digital.

Con las estrategias adecuadas, puedes aprovechar estas plataformas para construir una comunidad activa y lograr el crecimiento de tu negocio.

CAPÍTULO 9 GROWTH HACKING Y EXPERIMENTACIÓN

El Growth Hacking es una disciplina que se centra en el crecimiento rápido y eficiente de un negocio a través de estrategias innovadoras y creativas.

En este capítulo, exploraremos en detalle qué es el Growth Hacking, cómo implementarlo y por qué la experimentación constante es clave para el éxito.

¿Qué es el Growth Hacking?

Comenzaremos definiendo qué es exactamente el Growth Hacking. Discutiremos:

Objetivo de Crecimiento:

Cómo el objetivo principal del Growth Hacking es el crecimiento acelerado, ya sea en términos de usuarios, clientes o ingresos.

Creatividad y Estrategia:

Cómo el Growth Hacking se basa en la creatividad y la búsqueda de soluciones no convencionales para problemas de crecimiento.

Iteración Continua:

Cómo el proceso de Growth Hacking implica la experimentación constante y el aprendizaje rápido.

Estrategias y Técnicas de Growth Hacking

Exploraremos algunas de las estrategias y técnicas más efectivas utilizadas en el Growth Hacking, incluyendo:

Embudos de Crecimiento:

Cómo mapear y optimizar los embudos de conversión para aumentar las conversiones.

Referral Marketing:

Cómo utilizar programas de referencia y recomendaciones para adquirir nuevos usuarios.

Herramientas de Automatización: Cómo aprovechar herramientas de automatización para escalar tus esfuerzos de Growth Hacking.

Experimentación y Pruebas A/B

La experimentación es el núcleo del Growth Hacking.

Aprenderemos cómo:

Diseñar Experimentos:

Cómo planificar y ejecutar experimentos efectivos para probar nuevas estrategias y tácticas.

Pruebas A/B:

Cómo realizar pruebas A/B para comparar dos versiones de una página web, anuncio o correo electrónico y determinar cuál funciona mejor.

Aprendizaje Continuo:

Cómo utilizar los resultados de experimentos para iterar y mejorar constantemente tus estrategias de Growth Hacking.

Ejemplos de Growth Hacking Exitoso

A lo largo del capítulo, exploraremos ejemplos reales de empresas y startups que han utilizado con éxito el Growth Hacking para lograr un rápido crecimiento.

Estos ejemplos ilustrarán cómo las estrategias de Growth Hacking pueden aplicarse en la práctica.

Ética en el Growth Hacking

El Growth Hacking, aunque efectivo, debe ser ético y transparente.

Discutiremos la importancia de la ética en el Growth Hacking y cómo evitar prácticas cuestionables.

Implementación de Growth Hacking en tu Estrategia de Marketing

Concluimos el capítulo proporcionando pautas y consejos prácticos sobre cómo implementar el Growth Hacking en tu estrategia de marketing.

Destacaremos la importancia de la mentalidad de experimentación constante y la adaptación rápida a medida que avanzas hacia tus objetivos de crecimiento.

El Growth Hacking es una disciplina emocionante que se enfoca en resultados medibles y un crecimiento rápido.

Al aprender a aplicar estrategias de Growth Hacking y adoptar una mentalidad de experimentación, puedes impulsar el crecimiento de tu negocio de manera efectiva y eficiente.

CAPÍTULO 10 DESARROLLO DE HABILIDADES PERSONALES

Capítulo 10: Desarrollo de Habilidades Personales

El éxito en el marketing de crecimiento no se trata solo de estrategia y técnica; también depende en gran medida del desarrollo de habilidades personales.

En este capítulo, exploraremos las habilidades personales clave que un Growth Marketer debe cultivar para prosperar en el campo.

Habilidades de Comunicación

La comunicación efectiva es esencial en el marketing.

Discutiremos cómo:

Habilidades de Escritura:

Desarrollar la capacidad de redactar mensajes persuasivos y claros.

Habilidades de Presentación:

Aprender a comunicar ideas de manera efectiva en presentaciones y reuniones.

Escucha Activa:

Mejorar la capacidad de escuchar y comprender a tu audiencia y clientes.

Habilidades de Pensamiento Crítico y Analítico

El pensamiento crítico y analítico son habilidades fundamentales en el marketing de crecimiento.

Aprenderemos cómo:

Análisis de Datos:

Mejorar la capacidad de analizar datos y métricas para tomar decisiones informadas.

Resolución de Problemas:

Desarrollar estrategias efectivas para abordar desafíos y obstáculos.

Toma de Decisiones:

Mejorar la capacidad de tomar decisiones basadas en datos y análisis.

Creatividad y Pensamiento Lateral

La creatividad y el pensamiento lateral son vitales para el Growth Hacking y la resolución de problemas creativos.

Explicaremos cómo:

Generación de Ideas Innovadoras:

Desarrollar técnicas para generar ideas creativas y fuera de lo común.

Pensamiento Lateral:

Aprender a abordar problemas desde ángulos no convencionales.

Experimentación y Riesgo Calculado:

Estar dispuesto a probar nuevas ideas y asumir riesgos calculados en busca de un crecimiento innovador.

Habilidades de Gestión del Tiempo y Organización

El tiempo es un recurso valioso en el marketing de crecimiento.
Discutiremos cómo:

Planificación y Priorización:

Desarrollar habilidades para planificar tareas y priorizar proyectos.

Gestión de Tareas: Utilizar herramientas y técnicas para gestionar eficazmente tareas y proyectos.

Productividad Personal:

Mejorar la productividad personal y evitar la procrastinación.

Adaptabilidad y Aprendizaje Continuo

El marketing de crecimiento evoluciona constantemente, por lo que la adaptabilidad y el aprendizaje continuo son cruciales. Aprenderemos cómo:

Mentalidad de Aprendizaje:

Cultivar una mentalidad de aprendizaje y estar abierto a nuevas ideas y cambios.

Actualización de Habilidades:

Mantenerse al día con las últimas tendencias y tecnologías en marketing.

Flexibilidad:

Ser capaz de adaptarse a cambios en el mercado y ajustar estrategias en consecuencia.

Desarrollo de Marca Personal

Finalmente, discutiremos la importancia del desarrollo de una marca personal cómo Growth Marketer.

Aprenderemos cómo:

Construir una Presencia en Línea:

Utilizar las redes sociales y el contenido para construir una marca personal sólida.

Networking:

Desarrollar relaciones profesionales y establecer conexiones en la industria.

Credibilidad:

Ganarse la confianza y el respeto en la comunidad de marketing.

El desarrollo de habilidades personales es una parte esencial de la carrera de cualquier Growth Marketer.

Al perfeccionar estas habilidades, estarás mejor preparado para enfrentar desafíos, adaptarte a cambios y lograr el éxito en el campo del marketing de crecimiento.

CONCLUSIÓN

Hacia el Éxito como Growth Marketer

En el transcurso de este libro, hemos explorado las muchas facetas del mundo del Growth Marketing.

Hemos desglosado estrategias, técnicas y habilidades esenciales que te ayudarán a sobresalir en este campo altamente competitivo y en constante evolución.

A medida que llegamos al final de este viaje, es crucial recordar que el marketing de crecimiento es más que una serie de tácticas; es una mentalidad, una filosofía y una pasión por impulsar el éxito.

Mirando hacia atrás

Hemos explorado la importancia de la comprensión profunda de tu audiencia y tu mercado, así como la necesidad de crear estrategias de contenido efectivas.

Hemos aprendido cómo aprovechar la publicidad en línea y las redes sociales para ampliar tu alcance y llegar a nuevos clientes.

Hemos profundizado en conceptos de Growth Hacking y experimentación constante, así como en la importancia de desarrollar habilidades personales clave.

Mirando hacia el Futuro

El campo del marketing de crecimiento seguirá evolucionando a medida que las tecnologías y las tendencias cambien.

Es esencial que sigas siendo un aprendiz constante, siempre dispuesto a adaptarte y experimentar.

La flexibilidad y la capacidad de pensar de manera innovadora serán tus aliados más valiosos en esta travesía en constante cambio.

Nunca Dejes de Experimentar

Recuerda que el éxito en el marketing de crecimiento a menudo proviene de la experimentación.

No tengas miedo de probar nuevas ideas, estrategias y tácticas. Aprende de tus éxitos y fracasos por igual, y utiliza esos conocimientos para iterar y mejorar constantemente.

La Marca Personal Importa

También hemos explorado la importancia de desarrollar tu marca personal.

Tu reputación en la industria y tu capacidad para conectarte con otros profesionales pueden abrir puertas y crear oportunidades que van más allá de lo que podrías haber imaginado.

Un Viaje Sin Fin

El camino hacia el éxito como Growth Marketer es un viaje sin fin.

A medida que avanzas en tu carrera, enfrentarás nuevos desafíos y oportunidades.

La perseverancia y el compromiso con el aprendizaje constante te llevarán lejos.

Agradecimientos

Quiero agradecer a todos los profesionales del marketing de crecimiento que compartieron su experiencia y conocimiento para este libro.

También agradezco a los lectores por embarcarse en este viaje conmigo.

El Futuro Es Tuyo

El campo del Growth Marketing es emocionante, desafiante y lleno de posibilidades.

Las habilidades y conocimientos que has adquirido a lo largo de este libro te equipan para abordar los desafíos del marketing de crecimiento con confianza y determinación.

Ahora es tu turno de tomar lo aprendido y aplicarlo en tu propia carrera.

Recuerda, el futuro como Growth Marketer está en tus manos. ¡Adelante te deseo mucho éxito!